Maman t'aime

Blue

Fatie Elda

Natacha Heindryckx-santos

Blue aime jouer dans la boue, construire des châteaux de sable tout en restant debout et jouer au pirate dans sa cabane en bambou.

Apres l'école, Blue va s'amuser dans le jardin jusqu'au coucher du soleil car demain c'est le week-end.

« C'est l'heure de rentrer Blue » dit Maman.

« Je viens tout de suite, je range mes jouets et je rentre» répond Blue.

Blue est un chaton très curieux, en voyant son père rentrer avec des fleurs, il court vers lui pour sentir leur odeur.

« Papa, c'est pour qui ces jolies fleurs ? Pas pour maman j'espère, les roses sont ses fleurs préférées mais pas les primevères. »

« Maman vient voir, il y a une surprise pour toi. »

Maman rejoint Blue et son Papa dans le jardin.

« Oh, c'est mes fleurs préférées, merci mon chéri. »

Blue la regarde d'un air étonné « mais c'est les roses tes préférées ? »

« Oui mon petit lapin, c'était mes fleurs préférées mais maintenant c'est les primevères que je préfère. »

Blue ne comprend pas, il baisse la tête et s'en va.

On est vendredi soir, après avoir fini ses devoirs et couru dans le couloir, Blue aide sa maman à mettre la table, une jolie nappe de couleur ivoire, de la salade et de quoi boire et des choux avec du lieu noir.

« Oh non ! » soupire Blue.

« Blue mon petit cœur pourquoi tu ne veux pas t'asseoir, j'ai fait ton plat préféré, viens voir.»

« Mais maman, je n'aime plus les choux, je préfère rester debout. »

« Ça ne fait rien Blue, tu peux manger les autres plats que maman a préparé.»

« Bon d'accord. »

Blue s'assoit, mange sa salade, du lieu et un peu de pain et quand il a fini, il se brosse les dents et prend son bain.

« Il est tard, c'est l'heure de dormir » lui

rappelle Maman.

Mais Blue ne dort pas encore.

Maman va le voir pour lui raconter une belle

histoire.

Blue commence à pleurer.

« Blue mon chéri, qu'est-ce qui se passe ? »

Blue éclate alors en sanglot : « Toi aussi tu vas

arrêter de m'aimer ? »

Maman lui répond alors « Arrêter de t'aimer ? Mais non voyons ! »

« Mais moi j'ai arrêté d'aimer les choux ! Et tu as aussi arrêté d'aimer les roses » répond Blue.

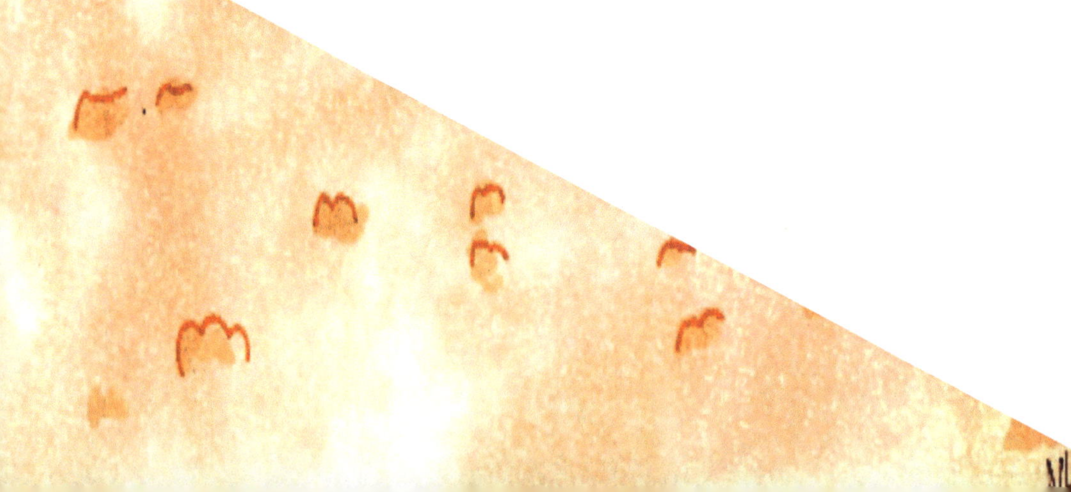

« Ce n'ai pas pareil mon trésor, je t'aimais déjà lorsque tu étais dans mon ventre et avant notre rencontre. »

« Je t'aime quand tu fais des bêtises ou quand tu me fait des bises. »

« Je t'aime quand tu es loin de moi ou à l'école et même quand tu casses un bol. »

« Je t'aime de tout mon cœur car tu es là et tu fais mon bonheur. »

« Une maman aime son enfant même si il fait du boucan. »

« Je t'aime le jour et la nuit, quand il y a le soleil ou la pluie. »

Blue sourit tout content, il est maintenant rassuré, sa maman l'aime et ne cessera jamais de l'aimer et il s'endort paisiblement dans ses bras.

2020, Zedira Asm,Le Blanc-Mesnil,France

Edition Z.A

Mon.panier.a.livres@gmail.com

Isbn : 978-2-492197-01-7

Dépôt légal : Aout 2020

Prix : 8,99 euros